GUILHERME DOMENICHELLI

GIRAFA TEM TORCICOLO?
E OUTRAS PERGUNTAS DIVERTIDAS DO MUNDO ANIMAL

Ilustrações
JEAN-CLAUDE R. ALPHEN

8ª impressão

PANDA BOOKS

© Guilherme Augusto Domenichelli

Diretor editorial
Marcelo Duarte

Diretora comercial
Patth Pachas

Diretora de projetos especiais
Tatiana Fulas

Coordenadora editorial
Vanessa Sayuri Sawada

Assistentes editoriais
Olívia Tavares
Camila Martins

Projeto gráfico
Marina Mattos – Entrelinha Design
Raquel Matsushita – Entrelinha Design

Diagramação
Camila Araújo – Entrelinha Design

Fotos
Acervo do Zoológico de São Paulo

Preparação
Marília Mendes

Revisão
Alessandra Miranda de Sá
Ana Maria Barbosa
Cristiane Goulart
Telma Baeza G. Dias

Impressão
Cipola

CIP – BRASIL. CATALOGAÇÃO NA FONTE
SINDICATO NACIONAL DOS EDITORES DE LIVROS, RJ

Domenichelli, Guilherme
Girafa tem torcicolo? – e outras perguntas divertidas do mundo animal/ Guilherme Domenichelli. – São Paulo: Panda Books, 2008. 44 pp.

ISBN: 978-85-88948-92-1

1. Animais – Miscelânea – Literatura infantojuvenil. 2. Curiosidades e maravilhas. I. Título.

08-2613   CDD: 028.5
                CDU: 087.5

2021
Todos os direitos reservados à Panda Books.
Um selo da Editora Original Ltda.
Rua Henrique Schaumann, 286, cj. 41
05413-010 – São Paulo – SP
Tel./Fax: (11) 3088-8444
edoriginal@pandabooks.com.br
www.pandabooks.com.br
Visite nosso Facebook, Instagram e Twitter.

Nenhuma parte desta publicação poderá ser reproduzida por qualquer meio ou forma sem a prévia autorização da Editora Original Ltda. A violação dos direitos autorais é crime estabelecido na Lei nº 9.610/98 e punido pelo artigo 184 do Código Penal.

Apresentação

Desde criança sempre gostei de animais. Com aproximadamente 6 anos de idade ganhei meu primeiro bicho de estimação: uma fêmea de canário-do-reino de cor esverdeada, chamada Falina.

Durante minha infância aguardava ansiosamente as férias escolares para ir aos sítios dos meus primos, onde me deliciava com as aventuras e inesquecíveis caminhadas pelas matas, plantações, riachos e montanhas.

Aprendi muito sobre a natureza com meu avô materno Guido Domenichelli. Herdei a sensibilidade e a observação das pessoas do campo que, assim como meu avô, percebem e convivem muito mais com a natureza. Com isso, sabia muito bem reconhecer o canto das aves, as pegadas dos animais que perambulavam pelo sítio durante a noite, pescar e assar peixes em fogueiras, andar a cavalo e identificar plantas e árvores.

Por toda parte que eu ia levava minha faca, meus binóculos e uma lupa que ganhei do meu pai. Eu me deliciava em observar as formas dos insetos, as cores e os ninhos das aves, cada pôr do sol e cada banho de cachoeira.

Até hoje guardo meu "caderno sobre animais" que comecei a escrever aos 9 anos de idade e que durante muito tempo acumulou todas as informações que eu conseguia lendo livros, enciclopédias e assistindo aos programas de TV. Meus passeios prediletos nos finais de semana eram quando meus pais levavam a mim e a minhas irmãs aos parques, museus e zoológicos.

A paixão pela natureza e pelos animais continuou. Hoje trabalho em um zoológico, e durante as visitas as crianças sempre me fazem perguntas divertidas sobre os animais.

Espero que você se divirta com este livro e aprenda um pouco mais sobre o mundo animal. Afinal, a boa informação faz com que nos tornemos cidadãos responsáveis e conscientes das questões ambientais do nosso querido planeta Terra.

GUILHERME DOMENICHELLI

GIRAFA TEM TORCICOLO?

Nunca foram observadas girafas com dor de garganta, mas com torcicolo sim! Não pelas "brigas" entre os machos, porém em cativeiro. Quando uma girafa é sedada com um anestésico para a realização de algum exame é necessário acomodar o pescoço dela direitinho. Se o pescoço estiver dolorido quando ela acordar, ela não vai se levantar, podendo até mesmo morrer.

QUER NAMORAR COMIGO?

As girafas machos disputam entre si a atenção das fêmeas de maneira bem peculiar: dando pescoçadas umas nas outras! O pescoço da girafa possui uma musculatura muito forte e, assim como na maioria dos mamíferos, tem apenas sete ossos, ou seja, sete vértebras. Cada vértebra chega a 50 centímetros!

ASIÁTICO AFRICANO ASIÁTICO

QUEM É QUEM Existem duas espécies de elefante: o africano e o asiático. São bem diferentes e fáceis de identificar, já que a orelha do elefante africano lembra muito o mapa da África, e a orelha do elefante asiático lembra o mapa da Índia, onde essa espécie é mais comum. Veja que família peso pesado:

Espécie	Macho	Fêmea	Filhote
Africano	7 toneladas	5 toneladas	120 quilos
Asiático	5 toneladas	3 toneladas	100 quilos

DESTRO OU CANHOTO?
Uma característica que chama atenção nos elefantes são os enormes dentes, conhecidos como "dentes de marfim". Esses dentes surgem no início da adolescência e, se forem retirados ou quebrados, não nascem de novo. Na espécie asiática somente os machos possuem marfins; na africana, nascem em machos e fêmeas. Os elefantes utilizam os marfins para se defender, cavar o solo, derrubar ou arrancar a casca das árvores etc. Podemos até mesmo identificar se o elefante é canhoto ou destro observando o desgaste dos seus marfins.

Atenção: ajude a protegê-los!

Principalmente nas décadas de 1970 e 1980, os elefantes foram caçados aos milhares para a retirada dos seus marfins. Os dentes eram vendidos ilegalmente para serem esculpidos como joias ou objetos de decoração. Hoje, alguns países africanos permitem a comercialização de marfins. Vale lembrar que, sem os dentes, os elefantes ficam mais indefesos.

FRASE POPULAR — *Memória de elefante...*

QUANDO UMA PESSOA SE LEMBRA DE MUITAS COISAS, DIZEMOS QUE ELA TEM MEMÓRIA DE ELEFANTE. SABE POR QUÊ? PORQUE OS ELEFANTES SÃO ANIMAIS MUITO INTELIGENTES E REALMENTE NÃO ESQUECEM O QUE APRENDEM. ELES POSSUEM UM CÉREBRO GRANDE, O QUE JUSTIFICA SUA INTELIGÊNCIA.

ELEFANTE BEBE ÁGUA PELA TROMBA?

A tromba é o prolongamento do nariz. Não possui nenhum osso e é bastante musculosa. Os elefantes a utilizam para farejar, acariciar outros elefantes, pegar uma pequena semente e até mesmo enormes troncos de árvores. Muitas pessoas imaginam que eles bebem água pela tromba, mas isso não acontece. Afinal, você já tomou água pelo nariz? Eles conseguem sugar até 8 litros de água com a tromba, que depois é esguichada na boca ou no corpo para se refrescar.

SÓ EM DESENHO ANIMADO

Quando falamos das enormes orelhas dos elefantes, muita gente lembra do desenho *Dumbo*, em que o elefantinho voa abanando as orelhas. A função principal das orelhas é refrescar o corpo, mas não abanando para fazer um "ventinho". Se fosse assim, o elefante iria se aquecer, gastando muita energia. As orelhas são cheias de veias e vasos sanguíneos. Quando está calor, o elefante dilata esses vasos, enchendo as orelhas de sangue. Ao abaná-las, ele abaixa a temperatura do sangue nas orelhas em até 3 graus, então esse sangue mais frio circula por todo o seu corpo. O funcionamento é bem parecido com o de um radiador de carro.

A GRANDE FAMÍLIA

Os elefantes formam manadas de até quarenta animais, sempre liderados pela fêmea mais velha, portanto a mais experiente, denominada matriarca. Os machos, após atingir a idade madura, entre 11 ou 12 anos, são expulsos da manada e vivem sozinhos ou em pequenos grupos de machos, encontrando-se com as fêmeas somente na época de reprodução. Se a fêmea engravidar, só terá outro filhote após quatro ou cinco anos, já que a gestação do elefante dura aproximadamente 22 meses, e o bebê mama até os dois anos de idade. Após o nascimento, os filhotes recebem todo o aprendizado e o carinho da mãe e das tias mais velhas; até mesmo a maneira de como utilizar a tromba é ensinada.

ELEFANTE TEM MEDO DE RATO?

Não. Diz a lenda que, durante a noite, quando o elefante está dormindo, o rato poderia entrar em sua tromba ou roer sua pata, podendo até matar o enorme animal. Mas isso não passa de lenda. Um minúsculo rato não transmite medo algum para um imenso elefante.

POR QUE A PELE DOS ELEFANTES É TÃO ENRUGADA?

Os elefantes adoram banho de lama, e a pele enrugada ajuda a manter a couraça de lama, que sufoca carrapatos e outros parasitas. Como não possuem glândulas que produzem suor, a água que evapora da lama faz este papel, refrescando o corpo do animal. A lama também tem a função de purificar a pele, pois contém minerais. Como os elefantes não possuem glândulas sebáceas, a lama hidrata e protege a pele.

Inteligência pra lá de animal

- Os macacos também são animais muito inteligentes, principalmente os gorilas, orangotangos, chimpanzés e bonobos.

- Assim como todos os animais, os chimpanzés têm comportamentos instintivos, mas muitas coisas são ensinadas e passadas de geração para geração. Em algumas regiões da África foram observados chimpanzés que utilizam "ferramentas". Mas esperem aí! Não vamos ver chimpanzés utilizando alicates, serrotes ou chaves de fenda. Eles usam o que conseguem na natureza para facilitar seu dia a dia.

- Após oito meses e meio de gestação, o bebê chimpanzé nasce e é amamentado pela atenciosa mãe, que o ensina a se defender e a procurar alimento. A maneira de construir e utilizar objetos depende muito da região e dos grupos. Já foram observados alguns chimpanzés "pescando" cupins. Eles constroem varetas com ramos de plantas e as introduzem nos furinhos dos cupinzeiros; os cupins "atacam" esses gravetos pensando ser um predador e são retirados para serem comidos pelos espertos chimpanzés.

- Os chimpanzés adoram castanhas, e para quebrar a casca utilizam duas pedras diferentes, uma com a função de bigorna e a outra, de martelo.

- Alguns grupos de chimpanzés utilizam folhas mastigadas como esponjas para pegar água em ocos de árvores, e pedaços de galhos e pedras para se defender dos predadores, principalmente leopardos. Sabia que os chimpanzés usam folhas de árvores com a mesma função do nosso papel higiênico? Realmente são muito espertos!

RAINHA DA SELVA

O papel das leoas é caçar e cuidar dos filhotes. Afinal, em cada ninhada nascem, em média, três bebês totalmente dependentes da mãe. As leoas lambem seus filhotes para identificá--los pelo cheiro, porém a maneira mais usada para isso é a vocalização. Elas reconhecem a voz dos seus bebês, e eles, a de sua mãe. A língua dos felinos parece uma "lixa", pois tem o que chamamos de "papilas ásperas". Lambendo os filhotes, as leoas os mantêm limpos e penteados. É o famoso "banho de gato".

FRASE POPULAR

Fome de leão

JÁ FORAM OBSERVADOS LEÕES COMENDO 40 QUILOS DE CARNE EM UMA SÓ CAÇADA! APÓS A REFEIÇÃO, ELES PODEM PERMANECER ATÉ SETE DIAS SEM INGERIR NADA, POR ISSO APROVEITAM AO MÁXIMO A COMIDA CONSEGUIDA COM TANTO SACRIFÍCIO. NOS ZOOLÓGICOS, OS LEÕES SÃO ALIMENTADOS DIARIAMENTE COM 5 A 6 QUILOS DE CARNE ENRIQUECIDA COM VITAMINAS E MINERAIS. ESSA QUANTIDADE OS MANTÉM SADIOS E COM O PESO CORRETO.

OS LEÕES TÊM FERRÃO COM VENENO NA PONTA DA CAUDA?

Não há nada escondido entre os pelos da cauda dos leões. Na verdade, a cauda é a continuação da coluna vertebral e tem a finalidade de ajudar os leões a se equilibrarem e não "derraparem nas curvas". Quando um leão está caçando, pode atingir até 60 km/h, e as presas tentam fazer manobras bruscas para se livrar das garras do predador. Por incrível que pareça, muitas vezes conseguem! Já o tufo de pelos na cauda serve de brinquedo para os filhotes. Os bebês adoram se divertir com a cauda dos pais.

O CHARME DA CABELEIRA

O conjunto de pelos na cabeça, peito e patas dianteiras dos leões é chamado de juba. Ela pode variar a coloração do preto ao castanho-claro. Pesquisas mostraram que as leoas preferem machos com juba escura. No mundo dos leões as fêmeas não gostam muito de loiros.

Hora do almoço

- Os leões vivem em grupos de até quarenta animais; em média dez fêmeas e um ou dois machos. São carnívoros e considerados os grandes caçadores das savanas africanas. Na verdade, as grandes caçadoras são as leoas, que quando estão em grupo conseguem abater búfalos de até 1 tonelada.

- Os leões levam a fama, porém os maiores comilões do reino animal são os elefantes. A frase popular deveria ser: fome de elefante! As fêmeas comem em média 100 quilos de alimento por dia, entre capim, frutas e folhas. Na natureza, um elefante macho pode comer diariamente até 225 quilos de alimento. E ainda dizem que comer salada não engorda!

- As girafas também comem bastante, pois se alimentam de 65 quilos de vegetais por dia. Elas possuem uma língua de até 45 centímetros, muito apropriada para pegar folhas e brotos no alto das árvores. Com uma língua desse tamanho e um pescoço longo, as girafas só precisam abaixar a cabeça até o solo quando vão beber água.

- Um animal com gosto bem estranho é o morcego-vampiro. É chamado de hematófago, ou seja, alimenta-se somente de sangue. Além dos dentes afiados, a saliva do morcego contém anticoagulante, que impede o rápido estancamento do sangue e facilita o suga-suga.

HERBÍVOROS: se alimentam exclusivamente de vegetais, como capim, frutas, sementes, legumes e verduras. Exemplos: elefante, girafa, búfalo, capivara, paca, anta, cervo, papagaio, boi, rinoceronte, zebra, cavalo.

CARNÍVOROS: se alimentam exclusivamente de carne. Exemplos: leão, onça-pintada, lobo, tigre, jaguatirica, leão-marinho, foca, pelicano, águia, falcão, pinguim, serpente, jacaré, piranha, coruja, lontra, ariranha.

ONÍVOROS: se alimentam de vegetais, como frutas, verduras, legumes e sementes, e de derivados de animais, como carne, ovos e leite. Exemplos: jabuti, lagarto teiú, bem-te-vi, sabiá, porco, urso, chimpanzé, orangotango, macaco-prego, quati, tatu.

Lágrimas de crocodilo

(Frase popular)

DIZ A LENDA QUE OS CROCODILOS CHORAM ARREPENDIDOS AO DEVORAR SUA PRESA. SURGIU DAÍ A EXPRESSÃO "LÁGRIMAS DE CROCODILO". É VERDADE QUE AS LÁGRIMAS ESCORREM DOS OLHOS DOS JACARÉS E CROCODILOS, MAS ISSO ACONTECE PORQUE, AO MASTIGAR, AS GLÂNDULAS LACRIMAIS SÃO PRESSIONADAS. ESSAS LÁGRIMAS NÃO SÃO EMOCIONAIS; ELAS APENAS TÊM A FUNÇÃO DE LUBRIFICAR OS OLHOS. É DEVIDO A ISSO QUE NUM CHORO FALSO, AS LÁGRIMAS SÃO CHAMADAS "DE CROCODILO". MAIS UMA CURIOSIDADE: COMO OS JACARÉS E OS CROCODILOS NÃO POSSUEM GARRAS PARA SEGURAR A PRESA E TIRAR PEDAÇOS DE CARNE, ELES ABOCANHAM O ANIMAL E GIRAM PARA ARRANCAR OS PEDAÇOS.

AS SUCURIS CONSEGUEM ENGOLIR UM BOI?

Todas as serpentes conseguem engolir animais muito grandes, pois possuem o maxilar móvel. A parte superior solta-se do crânio, e a inferior (onde seria o nosso queixo) é ligada somente por tendões e músculos. Desta forma, o maxilar se expande muito no momento da alimentação. Mesmo com essa elasticidade toda, nenhuma serpente conseguiria abrir a boca o suficiente para engolir um boi! As maiores espécies encontradas até hoje foram uma píton reticulada de 10 metros, encontrada na Ásia, e uma sucuri de 9 metros, localizada na América do Sul.

As maiores aves do mundo

- Os avestruzes são originários da África e considerados as maiores aves do mundo vivas, pois existiram espécies pré-históricas ainda maiores! As fêmeas alcançam 1,9 metro, e os machos, 2,5 metros de altura, podendo pesar até 150 quilos. Para diferenciar a ema do avestruz, observe os dedos dos pés: o avestruz tem dois dedos; a ema, três.

- Já os reis do céu são os condores dos Andes. Eles são as maiores aves do mundo que voam. Sua envergadura atinge 3 metros, o que lhes permite planar nas cordilheiras e economizar energia, já que não precisam bater muito as asas.

COBRA COMENDO COBRA

Existem serpentes chamadas de ofiófagas. Mas o que é isso? São serpentes que comem outras serpentes. A mais famosa no Brasil é a muçurana, espécie de cor preta que adora comer jararacas. As serpentes são carnívoras e caçam aves, peixes, sapos e principalmente ratos. Mas isso não é regra, não!

NUM PASSE DE MÁGICA Para fugir dos predadores, os avestruzes correm muito, podendo atingir 50 km/h. Outra maneira de fugir é desaparecendo como mágica! Bem, o truque dos avestruzes é deitar no chão, esticando-se e espalhando-se o máximo possível no solo. Devido ao efeito de miragem típico dos desertos, temos a impressão de que o avestruz desapareceu na paisagem.

NADANDO NA AREIA
Por viverem principalmente em regiões desérticas, onde acontecem regularmente tempestades de areia, os avestruzes desenvolveram uma proteção nos olhos chamada *membrana nictitante*. É uma pálpebra transparente que protege os olhos da areia, mas permite que enxerguem perfeitamente, como se fossem óculos de natação!

Estômago de avestruz

FRASE POPULAR

UM DOS ANIMAIS COM O CARDÁPIO MAIS VARIADO É O AVESTRUZ. ELE SE ALIMENTA DE QUASE TUDO: SEMENTES, FOLHAS, BROTOS, FLORES, FRUTOS, RAÍZES, INSETOS, ROEDORES, LAGARTOS, FILHOTES DE AVES E DE TARTARUGAS E... PEDRAS. ISSO MESMO! AS PEDRAS AUXILIAM O ESTÔMAGO A TRITURAR OS ALIMENTOS, FACILITANDO A DIGESTÃO.

Atenção: ajude a protegê-los!

Todos os objetos metálicos e brilhantes atraem os avestruzes. Já foram encontrados em seu estômago moedas, pregos, arames, chaves, fivelas de cinto, cacos de vidro, canudinhos, anéis de latas de refrigerante e palitos de sorvete. Esses objetos estranhos podem perfurar o intestino, levando o animal à morte.

AVESTRUZ ENFIA A CABEÇA NA TERRA PORQUE É TÍMIDO?

Na verdade, os avestruzes ficam com a cabeça perto do chão, e não dentro da terra, para procurar comida. Quando a grama das savanas africanas está alta, a cabeça dos avestruzes fica escondida. Os primeiros exploradores europeus que viram esses animais inventaram a história de que os avestruzes enfiavam a cabeça no chão porque estavam com vergonha!

Que soninho...

- O sono dos animais varia conforme a espécie, a necessidade, a adaptação e a fisiologia. A maioria das aves dorme durante a noite, acordando com os primeiros raios do sol.

- Grande parte das corujas dorme durante o dia e fica acordada à noite. Elas possuem olhos grandes e pupilas que se dilatam bastante para captar a luz do ambiente. Isto porque são aves caçadoras que se alimentam principalmente de roedores, e durante a noite fica mais fácil caçá-los.

- Os beija-flores estão entre as pouquíssimas aves que hibernam. Todas as noites eles diminuem as batidas do coração, e a temperatura do corpo, que normalmente é de 40 graus, cai para a temperatura ambiente. Assim eles economizam energia, tão necessária durante o dia.

- O urso-polar hiberna durante o inverno. Nos meses mais quentes ele caça e come o máximo possível, formando uma espessa camada de gordura que irá abastecê-lo durante os meses gelados. Na primavera ocorre o acasalamento; a gestação da mamãe ursa dura de sete a nove meses. Uma ursa-polar grávida pode permanecer até cinco meses hibernando; nesse período os filhotes nascem e são amamentados pela "sonolenta" mamãe. Durante a hibernação, mãe e filhotes quase não fazem xixi e cocô, mas, quando isso acontece, a mamãe ursa ingere os excrementos para manter a toca limpa.

- Os chimpanzés são realmente muito espertos. Para dormir tranquilamente, bem protegidos no alto das árvores, eles constroem "camas" com folhas e galhos trançados.

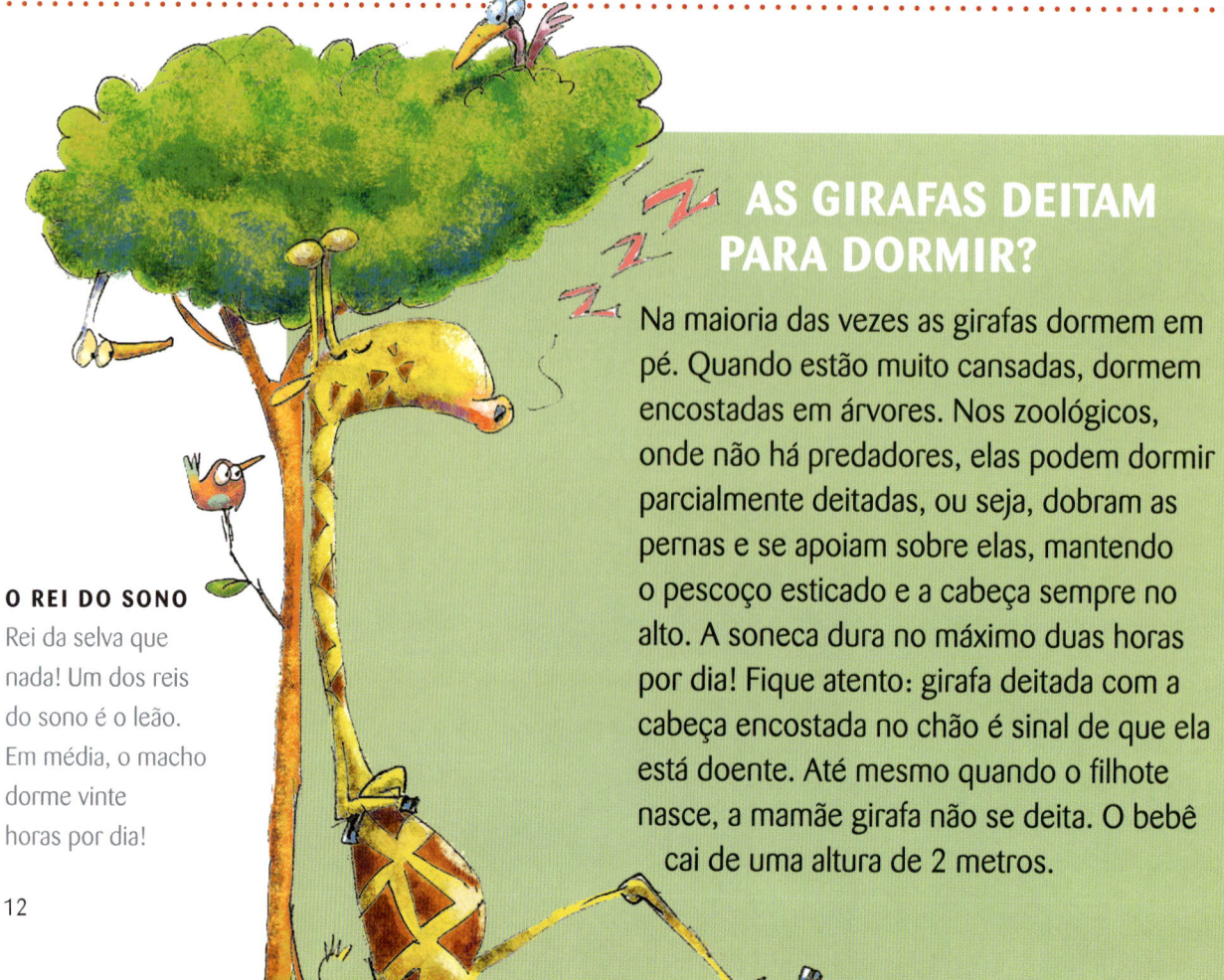

O REI DO SONO
Rei da selva que nada! Um dos reis do sono é o leão. Em média, o macho dorme vinte horas por dia!

AS GIRAFAS DEITAM PARA DORMIR?

Na maioria das vezes as girafas dormem em pé. Quando estão muito cansadas, dormem encostadas em árvores. Nos zoológicos, onde não há predadores, elas podem dormir parcialmente deitadas, ou seja, dobram as pernas e se apoiam sobre elas, mantendo o pescoço esticado e a cabeça sempre no alto. A soneca dura no máximo duas horas por dia! Fique atento: girafa deitada com a cabeça encostada no chão é sinal de que ela está doente. Até mesmo quando o filhote nasce, a mamãe girafa não se deita. O bebê cai de uma altura de 2 metros.

OS ANIMAIS SONHAM?

Cientistas provaram que todos os mamíferos sonham. Durante o sono profundo podemos observar os olhos se mexendo rapidamente sob as pálpebras. O que não sabemos ainda é o que estão sonhando. Será que um leão sonha com uma nova leoa como namorada ou com uma apetitosa zebra para o jantar?

Dormir com as galinhas

FRASE POPULAR

A MAIORIA DAS AVES POSSUI O HÁBITO DIURNO, OU SEJA, FICA ACORDADA DURANTE O DIA E DORME ASSIM QUE O SOL SE PÕE. AS GALINHAS TAMBÉM TÊM ESSE HÁBITO. POR ISSO, QUANDO CONHECEMOS UMA PESSOA QUE ADORA DORMIR CEDO, DIZEMOS QUE ELA "DORME COM AS GALINHAS".

UM OLHO NO PEIXE E OUTRO NO GATO

Você sabia que as serpentes não possuem pálpebras? Isso mesmo. Elas têm somente uma membrana transparente sobre os olhos para protegê-los. Devido a isso, mesmo dormindo, estão sempre de olhos bem abertos!

COMO AS AVES ESCUTAM SE ELAS NÃO TÊM ORELHAS?

Nenhuma espécie de ave possui orelhas, mas todas têm ouvidos que funcionam muito bem. As aves que melhor escutam são as corujas. Existe até mesmo uma espécie chamada coruja-orelhuda, que recebe esse nome por ter dois tufos de penas na cabeça. Mas o que realiza muito bem a função das orelhas é o círculo de penas que elas têm na face, chamado disco facial: ele capta o som e leva até os ouvidos. Aliás, os ouvidos nunca estão na mesma direção: o lado esquerdo é voltado para baixo, e o direito, para cima, de modo a captar todos os ruídos do ambiente.

CORUJA-ORELHUDA

ESTAS SÃO DO CONTRA

• Existe uma espécie de coruja muito comum no Brasil que prefere ficar acordada durante o dia: é a coruja-buraqueira. Ela é fácil de ser encontrada no campo e até mesmo na praia, sempre próxima do seu ninho, que é um buraco no solo construído pelo papai e mamãe coruja.

• Outras aves, como os curiangos, bacuraus e mães-da-lua, preferem ficar acordados à noite. Eles possuem olhos grandes e bicos largos apropriados para caçar insetos. Ao redor do bico existem penas diferenciadas parecidas com uma barba. São penas que lembram cerdas, chamadas de vibrissas, e uma das suas funções é ajudar as aves a caçar insetos em pleno voo.

Filho de peixe, peixinho é

FRASE POPULAR

A MAIORIA DAS ESPÉCIES DE RÉPTEIS BOTA OVOS. POUCAS EXCEÇÕES SÃO ALGUMAS ESPÉCIES DE SERPENTES, COMO AS SUCURIS, QUE APÓS SEIS MESES DE GESTAÇÃO DÃO À LUZ FILHOTES COM APROXIMADAMENTE 60 CENTÍMETROS, IDÊNTICOS AOS PAIS.

TIGRES BRANCOS

QUAL A DIFERENÇA ENTRE UM ANIMAL BRANCO E UM ALBINO?

Existe um pigmento distribuído por todo o corpo dos animais chamado de melanina. Esse pigmento dá proteção à pele e aos olhos e determina a cor dos pelos e da íris. A ausência total de melanina deixa o animal despigmentado, ou seja, sem nenhuma cor. Animais com essa alteração genética são chamados de albinos e têm os pelos brancos e os olhos vermelhos. Alguns animais têm cor branca, como os tigres brancos. Nesse caso é uma outra característica genética e não um albinismo, já que os tigres brancos possuem listras cor de chocolate e olhos azuis.

TARTARUGAS, JABUTIS E CÁGADOS SÃO IGUAIS?

Não. Esses répteis fazem parte de um mesmo grupo, o dos quelônios. As características principais entre eles são as mesmas, porém são animais diferentes:

As tartarugas vivem no mar, mas podem também viver em água doce. Quando necessário, escondem a cabeça dentro da carapaça, que tem formato achatado para facilitar a natação.

Os jabutis são terrestres, possuem a carapaça mais arredondada e as patas traseiras lembram miniaturas de patas de elefante.

Os cágados vivem somente em água doce, possuem a carapaça achatada, membranas entre os dedos e escondem a cabeça lateralmente ao casco.

CÁGADO

JABUTI

Pelo bem do equilíbrio natural

• O guepardo é o animal terrestre mais rápido do mundo, podendo atingir 110 km/h. Toda a técnica usada para caçar é passada de mãe para filho. A "aula" principal é quando a mamãe guepardo captura um filhote de gazela e a leva viva para seus filhos treinarem a caçada e a corrida.

• Os leões têm o papel de proteger seus filhotes e seu harém. Se um ou mais machos rivais expulsar ou matar o leão "chefe", aquele que vencer irá liderar o harém e matará os filhotes. Embora pareça crueldade, essa atitude tem um motivo: se os filhotes continuarem vivos, as leoas que estão amamentando não entrarão no cio, e o macho líder não poderá ter seus próprios filhotes.

Paca, tatu – cutia, não!

FRASE POPULAR

ESTA EXPRESSÃO POPULAR TEM ORIGEM NA GASTRONOMIA BRASILEIRA. MUITAS PESSOAS GOSTAM DE COMER CARNE DE PACA E DE TATU, QUE SÃO MUITO SABOROSAS. NO ENTANTO, A CARNE DA CUTIA NÃO É MUITO APRECIADA. MAS ATENÇÃO! É PROIBIDA A CAÇA DE ANIMAIS SILVESTRES NO BRASIL.

SABORES À PARTE, A PACA E A CUTIA SÃO ANIMAIS MUITO PARECIDOS. AMBAS SÃO ROEDORES, ADORAM COMER SEMENTE, RAÍZES E FRUTAS, VIVEM EM FLORESTAS E CAVAM TOCAS PARA SE ESCONDER E CRIAR OS FILHOTES. PARA SABER QUEM É QUEM, PRESTE ATENÇÃO NOS PELOS: AS PACAS POSSUEM MANCHAS BRANCAS, AS CUTIAS NÃO.

JACARÉ

QUAL A DIFERENÇA ENTRE JACARÉ E CROCODILO?

A diferença entre jacaré e crocodilo não está no tamanho, como todos pensam, mas no focinho. Os crocodilos têm o focinho longo e estreito, enquanto nos jacarés o focinho é curto e arredondado. Outra diferença está no encaixe dos dentes. Quando os crocodilos estão de boca fechada, os dentes superiores e inferiores ficam à mostra. Já os jacarés deixam aparecer somente os dentes superiores, pois possuem orifícios no palato, mais conhecido como céu da boca, para encaixar os dentes inferiores.

OVO COZIDO É UM PINTINHO PERDIDO?

Nem sempre! Mesmo sozinhas, longe da companhia de um macho da espécie, as fêmeas das aves podem botar ovos. Isso acontece frequentemente com as galinhas e as codornas poedeiras, que botam os ovos que consumimos. Sendo assim, esses ovos não são fertilizados, ou seja, não gerariam um pintinho.

POR QUE MACACO GOSTA TANTO DE BANANA?

Existem espécies de macacos que são herbívoras, como os bugios, macacos-aranha e até mesmo os gorilas, e outras que são onívoras, como os babuínos, chimpanzés e macacos-prego. Em geral, os macacos têm o paladar bem parecido com o nosso, portanto adoram açúcar. Os alimentos mais doces que eles encontram são as frutas (o açúcar das frutas é a frutose), e eles adoram mamão, morango, goiaba, maçã e, principalmente, bananas.

QUAL A DIFERENÇA ENTRE CAMELO E DROMEDÁRIO?

A diferença principal está no número de corcovas: o camelo tem duas, e o dromedário, uma. Outra diferença é a origem: os dromedários são do Norte da África e do Oriente Médio; já os camelos são da Ásia, principalmente do deserto de Gobi, na China, e Mongólia. As lhamas, alpacas, guanacos e vicunhas da América do Sul não possuem corcovas, mas são primos próximos dos camelos e dromedários.

CAMELO

DROMEDÁRIO

SÓ O AMOR AQUECE

O pinguim-imperador vive em regiões do polo onde a temperatura pode atingir 50 graus negativos com ventos de até 300 km/h. Como chocar um ovo nessas condições? O pinguim-imperador possui uma prega de pele na barriga, próxima aos pés. O papai coloca ali o ovo e consegue mantê-lo aquecido a 34 graus. Enquanto isso, a mamãe pinguim passa quatro meses no oceano caçando comida para a família. Próximo ao nascimento do filhote, a mamãe retorna com o alimento e assume os cuidados com o bebê. O papai aproveita para descansar e recuperar os quilos perdidos com o jejum de quatro meses.

FRASE POPULAR — Mãe coruja

QUANDO VEMOS UMA MÃE ELOGIANDO E PROTEGENDO SEU FILHO, DIZEMOS QUE É UMA "MÃE CORUJA". AS CORUJAS DEFENDEM SEU NINHO E SEUS FILHOTES ATACANDO QUALQUER UM QUE OUSAR SE APROXIMAR. OS FILHOTES NASCEM SEM PENAS E COM OLHOS ENORMES. NÃO SÃO NADA BONITOS, EXCETO PARA A MAMÃE CORUJA.

TODAS AS AVES BOTAM OVOS DE COR BRANCA?

Não. Os ovos da galinha que nós consumimos em geral são brancos, mas ela pode botar ovos de cor marrom-claro e até mesmo de cor azulada, o que normalmente acontece com as galinhas de penas pretas. Se as aves colocam seus ovos em locais abertos, como no chão, eles precisam ser de uma cor que os camufle, para protegê-los dos predadores. Dependendo da espécie de ave, os ovos variam de cor e até mesmo de formato. Por exemplo:

Ave	Cor
Macuco	azul
Inhambu	marrom-chocolate
Quero-quero	marrom-chocolate com manchas marrom-escuras
Emu	verde-escura
Casuar	marrom-escura
Garça	verde-azulada
Urubu	branca com manchas marrom-escuras
Anu-branco	verde-marinho coberto por manchas brancas em alto-relevo

Cuidados da gestação

• As aves que botam ovos mais pontudos são em geral espécies que constroem o ninho em penhascos ou mesmo no chão. Afinal, a mamãe não quer ver seu futuro filhote rolando por aí!

• Os ovos das aves têm de ser movidos e girados constantemente para que o embrião se desenvolva. Esse trabalho é realizado sempre pelos atenciosos pais.

• Diferentemente dos outros grupos de répteis, os crocodilianos (jacarés, crocodilos e gaviais) possuem um "cuidado parental". A mamãe constrói o ninho de folhas perto de lagos ou rios, deposita seus ovos e os vigiam até o nascimento dos filhotes. Quando eles começam a "chorar" dentro do ovo, a mamãe os ajuda a sair quebrando a casca com seus enormes dentes. Após o nascimento, ela os leva até a água e os vigia até crescerem. As tartarugas, por exemplo, não cuidam dos filhotes; elas botam vários ovos para garantir que alguns deles sobrevivam.

CADÊ A MAMÃE?

• Ao nascer, os filhotes de gansos reconhecem como mãe o primeiro ser vivo que veem pela frente. É relativamente comum gansinhos nascidos em cativeiro, longe dos pais, adotarem galinhas, cachorros, gatos e até mesmo pessoas como "mamães postiças".

• Uma espécie de pássaro de cor preta chamada chupim, muito comum em várias regiões do Brasil, faz jus ao seu nome. Essa pequena ave não sabe criar seus próprios filhos, por isso deposita os ovos no ninho de outras aves, principalmente dos tico-ticos, que chocam e cuidam dos filhos postiços até a idade adulta.

Casal de pombinhos

(FRASE POPULAR) GRANDE PARTE DAS ESPÉCIES DE AVES TEM COMPORTAMENTO MONOGÂMICO, OU SEJA, VIVE COM O MESMO PARCEIRO A VIDA TODA. OS POMBOS SÃO ÓTIMOS EXEMPLOS DESSA FIDELIDADE, DAÍ A EXPRESSÃO "CASAL DE POMBINHOS" PARA SE REFERIR A UM CASAL APAIXONADO.

CADÊ VOCÊ? Quando as mamães pinguins retornam à colônia, elas conseguem encontrar seu parceiro por meio da voz. Como se fosse uma grande cantoria, machos e fêmeas emitem sons para dizer "Ei, estou aqui".

SE UM LOBO MORDER UMA PESSOA ELA VIRA LOBISOMEM?

Não. Porém, se este lobo estiver contaminado com o vírus da raiva, ele pode transmitir a doença. Assim como cães e gatos domésticos.

OS LOBOS UIVAM PARA A LUA CHEIA?

Os lobos são animais de hábitos noturnos e geralmente uivam durante a noite. Porém, não fazem isso para a lua, e sim para demarcar seu território. O uivo serve também como uma forma de comunicação com os outros lobos da alcateia.

Mitos e lendas de terror

• Diz a lenda que, quando um rato morre, ele cria asas e vira morcego. Já imaginou se fosse verdade? Os ratos pertencem ao grupo dos roedores, e os morcegos, ao grupo dos Chiropteros. Além disso, nenhum animal se transforma em outro após a morte!

• Diferente do que algumas pessoas pensam, as serpentes não podem hipnotizar uma presa ou um ser humano. Elas ficam apenas paradas, muito bem camufladas, aguardando para abocanhar sua presa.

• Desde a Idade Média, as corujas estão cercadas de mitos. Nessa época eram mortas e pregadas com as asas abertas nas portas das casas. Segundo algumas crenças, elas serviam para espantar maus espíritos.

• Você já viu em filmes de terror uma enorme aranha-caranguejeira subindo em alguém? Pois é, coitada da aranha! Na verdade, as caranguejeiras não possuem veneno potente para matar ou machucar uma pessoa. O máximo que ela faz quando está em perigo é lançar no ar seus pelos urticantes que causam alergia à vítima. As espécies menores como a aranha-armadeira, aranha-marrom e a viúva-negra possuem veneno muito mais potente.

AS LAGARTIXAS PODEM TRANSMITIR "COBREIRO"?

Não. As lagartixas não transmitem doenças, e, se pudessem fazê-lo, não seria "cobreiro", e sim "lagartixeiro"!

SAPO-CURURU

OS SAPOS ESGUICHAM LEITE VENENOSO OU XIXI?

Nem um nem outro! Os únicos animais que produzem leite são os mamíferos, e nenhum deles com veneno. Os sapos também não têm capacidade de fazer xixi nos olhos das pessoas para cegá-las. O que os sapos possuem são glândulas com veneno que ficam próximas aos olhos. Quando essa glândula é pressionada, o veneno, que é branco como leite, é esguichado. Isso serve para os sapos se defenderem dos seus predadores. Quando um animal tenta morder um sapo, a glândula é pressionada eliminando o veneno na boca do animal. Dependendo da quantidade e do tamanho do animal, o veneno do sapo pode ser até fatal.

EXISTEM ENCANTADORES DE SERPENTES?

Não. Todas as espécies de serpentes são completamente surdas. Para a serpente se levantar do cesto, o músico coloca urina de rato na flauta. Ao sentir o odor do rato, a serpente, que está há vários dias sem comer, se levanta como se estivesse "encantada" com o som. Elas também conseguem perceber a presença de alguém pelas vibrações no chão.

DANDO NOME AOS BOIS

Dependendo da região, as pessoas colocam nomes diferentes no mesmo animal. Por exemplo, a onça-parda, que vive nas Américas do Norte, Central e do Sul, é chamada de suçuarana, leão-baio, onça-vermelha, pantera, cougar, puma, leão-da-montanha, entre outros. Por esse motivo foi criado um nome científico para cada ser vivo do planeta. Esse nome é único em todo o mundo e é escrito em latim sempre com duas palavras: o gênero (inicia-se com letra maiúscula) e a espécie (inicia-se com letra minúscula). Sua escrita é sublinhada ou em itálico. Por exemplo: o homem é *Homo sapiens*, o leão é *Panthera leo*.

QUAL A DIFERENÇA ENTRE SUCURI E ANACONDA?

Sucuri e anaconda são o mesmo animal. Sucuri significa "animal roncador" na língua indígena, e anaconda é o nome usado em inglês. Mas esse animal não persegue as pessoas nem mata por maldade com seus impossíveis 30 metros de comprimento, como mostra o filme.

HAJA NARINA! Algumas serpentes, como as cascavéis e as jararacas, possuem dois orifícios entre os olhos e as narinas. Esses buraquinhos são chamados de "fosseta loreal" e por meio deles a serpente percebe a presença de alguém pelo calor. Os caboclos do interior do Brasil chamam essas serpentes de "cobra de quatro ventas".

OS VAMPIROS EXISTEM MESMO?

Sim. Existem aproximadamente mil espécies diferentes de morcegos, mas somente três espécies são vampiros, ou seja, alimentam-se de sangue. Essas espécies só existem nas Américas. O livro *Drácula* foi escrito em 1897 pelo irlandês Bram Stoker. Ele se baseou na história do sanguinário príncipe Vlad Dracul, que nasceu em 1431 e governou a região da atual Romênia. Depois de conhecer o comportamento dos morcegos vampiros, Stoker escreveu a lenda do famoso Drácula.

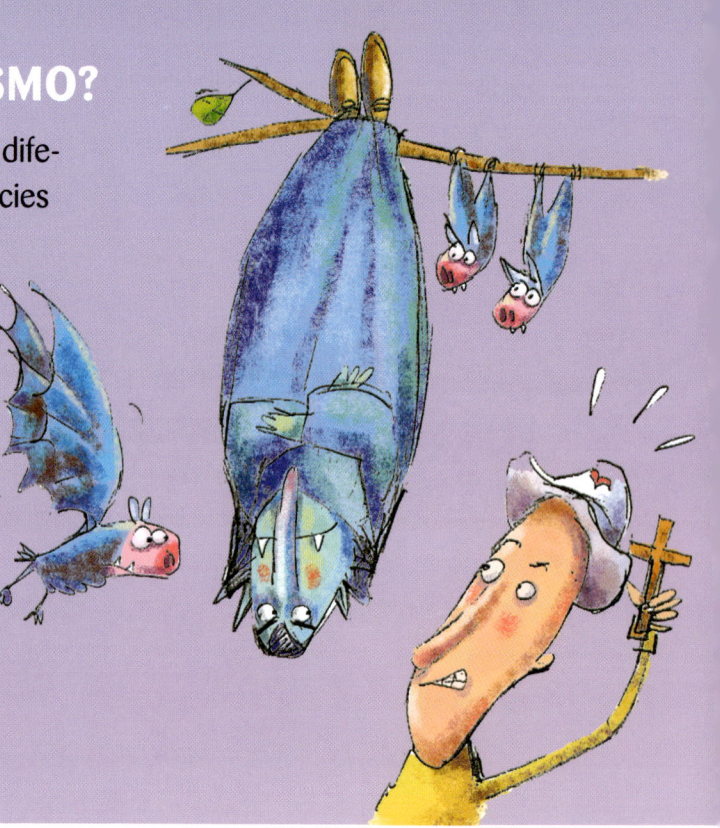

POR QUE OS TUBARÕES ATACAM AS PESSOAS?

Ao contrário do que se pensa, nós não fazemos parte do cardápio dos tubarões. Eles nos atacam por engano, já que a nossa carne não é saborosa para eles. Acontece que os surfistas, quando estão sentados na prancha, ficam muito parecidos com a foca, essa sim presa de tubarões. Quando sente o gosto da carne humana, o tubarão desiste do ataque; por isso na maioria dos casos a pessoa perde apenas algum membro.

SELEÇÃO NATURAL

Charles Darwin (1809-1882) foi, acima de tudo, um grande observador. Sua mais famosa teoria é a da seleção natural. Segundo Darwin, em todas as espécies nascem indivíduos com características diferentes. Imagine se num grupo de girafas com pescoço curto nascessem algumas com o pescoço comprido. Bom, se de repente a vegetação do solo desaparecesse, somente as girafas com pescoço comprido sobreviveriam, pois conseguiriam comer as folhas no alto das árvores, passando essa característica para seus filhotes. Darwin foi ridicularizado por muitos cientistas da época, mas suas teorias são aceitas até hoje.

QUEM DEFINE O NOME PARA O SER VIVO?

São profissionais chamados "taxonomistas". Eles estudam as características físicas e genéticas da criatura, para depois designar-lhe um nome. Muitas vezes a criatura recebe como homenagem o nome da pessoa que a descobriu ou a pesquisou. Depois de definido o nome, ele só poderá ser alterado se for descoberta uma nova característica na espécie.

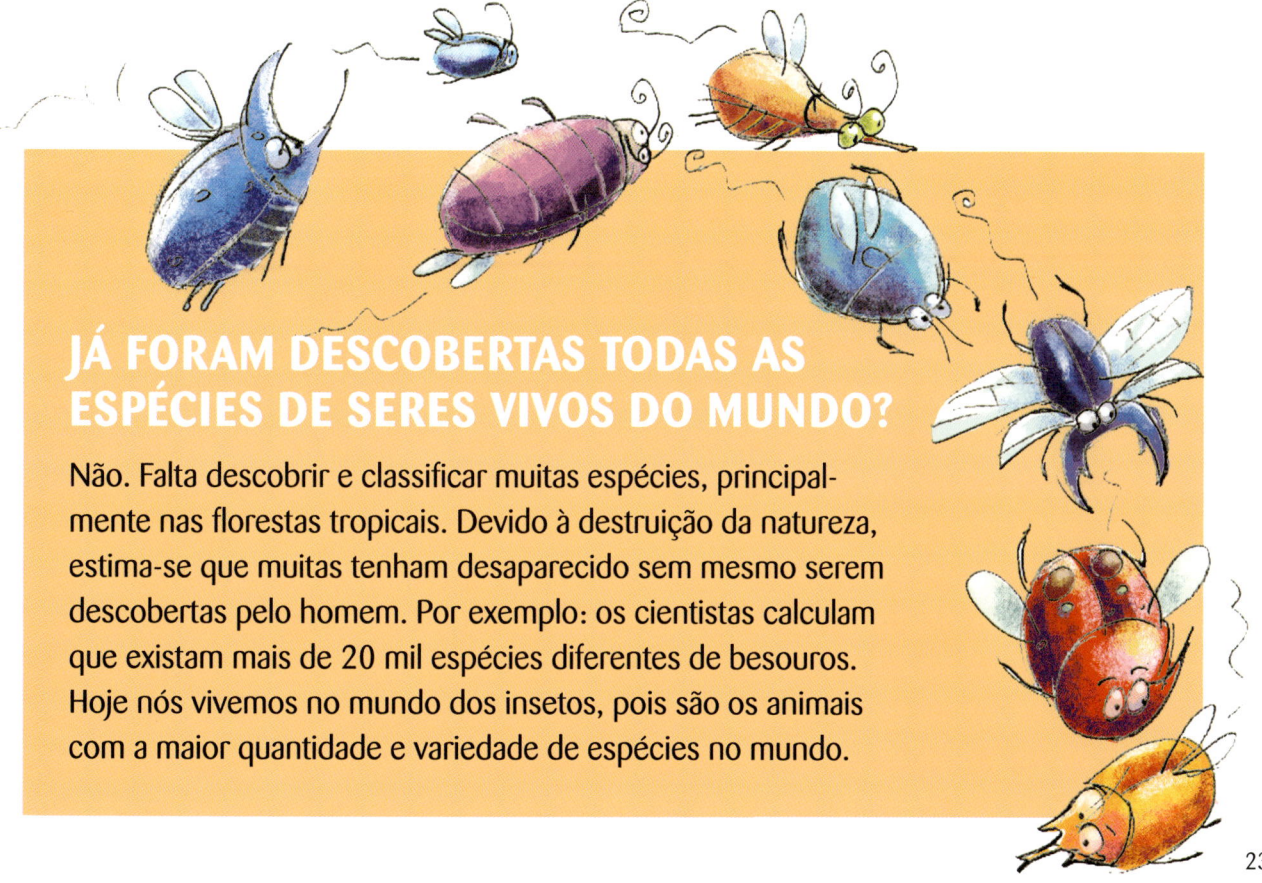

JÁ FORAM DESCOBERTAS TODAS AS ESPÉCIES DE SERES VIVOS DO MUNDO?

Não. Falta descobrir e classificar muitas espécies, principalmente nas florestas tropicais. Devido à destruição da natureza, estima-se que muitas tenham desaparecido sem mesmo serem descobertas pelo homem. Por exemplo: os cientistas calculam que existam mais de 20 mil espécies diferentes de besouros. Hoje nós vivemos no mundo dos insetos, pois são os animais com a maior quantidade e variedade de espécies no mundo.

POR QUE ALGUNS ANIMAIS TÊM NOMES TÃO ESTRANHOS?

Realmente muitos animais recebem nomes bastante curiosos. Algumas vezes temos a impressão de haver uma mistura de espécies em um único animal, um verdadeiro "Frankenstein". Os nomes são baseados nas características do animal, ou seja, na sua aparência. Veja alguns casos:

- **Urso-de-óculos**: não se trata de um urso míope que precisa usar óculos. Seus pelos são pretos com manchas cor de creme ao redor dos olhos, o que lembra muito o aro dos óculos. Trata-se de um animal que vive nos países andinos e adora comer frutas e talos de bromélias.

- **Mocho-diabo**: as corujas são cercadas de muitas lendas e, tendo um nome assim... fica ainda mais complicado! Por ter dois grandes tufos de penas na cabeça, lembrando chifres, essa espécie de coruja recebeu esse nome.

- **Lagarto-rabo-de-macaco**: por viver no alto das árvores, possui garras fortes e a cauda preênsil, ou seja, a cauda o ajuda a se locomover e a se agarrar nos galhos, como se fosse um rabo de macaco. É um lagarto com aproximadamente 70 centímetros de comprimento e mais 40 centímetros de cauda. São encontrados nas ilhas Salomón e Papua-Nova Guiné.

- **Lagarto-de-língua-azul:** você já ficou com a língua azul após comer uma goma de mascar com tinta? Ou já viu um cão da raça chow-chow que tem a língua azulada? Este é o lagarto-de-língua-azul, uma espécie australiana com 60 centímetros de comprimento e coloração marrom-clara. Nada que chame muita atenção, mas quando coloca a língua para fora... assusta até seus predadores.

- **Cobra-papagaio:** calma, não é uma cobra com asas! Trata-se de uma linda espécie de serpente de cor verde. Vive no alto das árvores da região amazônica, quase nunca descendo no chão, e caça principalmente aves. Muito esperta, ela fica enrolada nos galhos das árvores de modo que o orvalho acumulado em seu corpo durante a noite escorra até sua boca para matar a sede.

- **Macaco-aranha:** imagine uma enorme aranha com pernas de até 90 centímetros se locomovendo no alto das árvores da Floresta Amazônica. Não, aranhas desse tamanho não existem, mas macacos sim. Por ter a pelagem preta, e os braços, pernas e cauda muito longos, essa espécie de macaco recebeu esse nome bem sugestivo.

FRASE POPULAR

Abrir a cauda de pavão

Quando alguém quer aparecer demais, dizemos que ele gosta de "abrir a cauda de pavão". Os machos possuem penas longas e muito coloridas na cauda, que se abre em forma de leque. Tudo isso serve para impressionar e conquistar as fêmeas. Muitas vezes observamos vários machos se exibindo para uma única fêmea, já que é ela quem escolhe o mais belo entre eles. As fêmeas têm as penas com cores bem mais discretas e não conseguem abrir a cauda como os machos.

REI DO NAMORO

Quando as leoas estão no cio, o leão cruza até sessenta vezes no mesmo dia!

JABUTIS, TARTARUGAS E CÁGADOS SAEM DO CASCO PARA ACASALAR?

Não. O casco faz parte da estrutura óssea, por isso é tão duro e resistente. Às vezes vemos em desenhos animados os jabutis tirarem o casco como se fosse roupa ou a casinha do animal. A parte inferior do casco, que nós chamamos de plastrão, é côncava nos machos adultos; já nas fêmeas ela é totalmente plana. Sendo assim, fica bastante fácil o namoro entre os jabutis.

Trilha sonora romântica

• A maioria dos machos das aves canta para demarcar seu território e para conquistar as fêmeas. Entre os cantos mais bonitos estão os de espécies brasileiras, como o curió, o canário-da-terra, o uirapuru, o corrupião, entre outras. A fêmea sempre cede para a melhor cantada!

• Os sapos também cantam. Depois de escolhida a fêmea, ele a enlaça no "abraço nupcial". Dependendo da espécie, esse chamego pode durar 40 minutos ou até dias! Durante o abraço, a fêmea libera os óvulos, e o macho, os espermatozoides.

RAINHA DA MATERNIDADE

A colônia de formigas possui uma única rainha que deposita todos os ovos do formigueiro. Cada formiga operária vive aproximadamente dois meses, e para manter a colônia a rainha tem que produzir vários filhotes. O mais curioso é que a rainha é fecundada por um macho uma única vez na vida! Esse macho é escolhido por ela entre todos do formigueiro. Já foi observada uma saúva rainha que viveu mais de vinte anos em cativeiro, sempre produzindo ovos fecundados. Depois que a rainha morre, o formigueiro também desaparece; afinal não haverá novos filhotes. Durante sua vida, a rainha produz algumas poucas "herdeiras", que constroem em outros locais formigueiros semelhantes aos da mamãe.

EXISTE HOMOSSEXUALISMO ENTRE OS ANIMAIS?

Sim. É relativamente comum, e já foi observado entre leões, cães e lobos. As espécies brasileiras de papagaios não apresentam diferenças externas entre machos e fêmeas. Quando colocados em cativeiro, dois machos ou duas fêmeas podem formar par e se acasalar. Os bonobos, espécie de primatas parecidos com os chimpanzés, têm em sua cultura o homossexualismo. Eles raramente brigam para disputar parceiros, alimento ou território. Tudo é resolvido com paz e amor!

AS ZEBRAS SÃO BRANCAS COM LISTRAS PRETAS OU PRETAS COM LISTRAS BRANCAS?

São brancas com listras pretas. Podemos observar melhor essa característica na espécie zebra-de-grevy, que apresenta a barriga totalmente branca. As listras servem como camuflagem natural contra seu principal predador, o leão. Como os leões enxergam em preto e branco, as zebras fogem sempre em grupo. Desta forma os leões não conseguem distinguir onde começa e termina uma zebra, errando muitas vezes o bote. Ih! Deu zebra!

(FRASE POPULAR) # Cantando de galo

NÃO VENHA "CANTAR DE GALO" NO MEU TERREIRO, HEIN? OS GALOS CANTAM AO AMANHECER E TAMBÉM DURANTE OUTRAS HORAS DO DIA. ISSO É PARA MOSTRAR PARA GALOS E GALINHAS QUEM É O DONO DO PEDAÇO. DESSA CARACTERÍSTICA SURGIU A EXPRESSÃO QUE CONHECEMOS.

O TAMANDUÁ PODE SUGAR NOSSO CÉREBRO?

Apesar de ter uma língua de até 60 centímetros, parecida com um espaguete, isso não acontece. Os tamanduás são os únicos mamíferos que não possuem dentes. Eles têm boca pequena e sua saliva é pegajosa e própria para caçar insetos. Comem até 35 mil cupins e formigas por dia!

DIGITAL ANIMAL

As listras dos tigres e as rosetas das onças-pintadas servem como camuflagem no meio da vegetação. Eles conseguem se esconder muito bem para caçar suas presas desprevenidas. Aliás, as manchas das girafas, as listras das zebras, as pintas das sucuris, entre outros retoques coloridos, são desenhos únicos em cada indivíduo. São como as nossas digitais: não existem duas iguais.

Abraço de tamanduá

 OS TAMANDUÁS SE DEFENDEM EM PÉ. PARA ISSO, ELES SE APOIAM NAS PATAS TRASEIRAS E, COM AS UNHAS DAS PATAS DIANTEIRAS, QUE SÃO GRANDES E FORTES, CONSEGUEM "RASGAR" ATÉ MESMO UMA ONÇA!

Estratégias de sobrevivência

• O bicho-pau é um animalzinho parente do grilo e do louva-a-deus, bem parecido com um graveto. Essa aparência serve como camuflagem no meio das árvores. Às vezes, o bicho-pau balança com o vento acompanhando os galhos da árvore numa estratégia para fugir dos predadores.

• Algumas espécies de pombos, lagartos, serpentes e gambás se fingem de mortas para enganar os predadores. Quando se veem em segurança, é pernas, ou asas, pra que te quero!

• A maioria dos lagartos, quando em perigo, consegue soltar a cauda, deixando-a para trás. Esse fenômeno é chamado de autotomia. O pedacinho do rabo fica se mexendo durante alguns minutos, prendendo a atenção do predador, enquanto o lagarto dá no pé. A lagartixa usa a mesma técnica. E não se preocupe: a cauda se regenera novamente.

• Quando atacadas, algumas espécies de sapos incham, parecendo muito maiores. Podem emitir sons e até mesmo morder. Afinal, o ataque é a melhor defesa!

• Algumas espécies de sapos da Amazônia possuem cores bem diferentes: vermelho, amarelo, laranja, azul. Todo esse colorido serve de alerta contra os predadores: "Cuidado, eu tenho veneno!".

• A cobra-coral possui um veneno bastante potente para caçar e se defender. Porém, existe uma cobra que não possui veneno, e para se livrar dos predadores resolveu imitar sua xará: é a cobra-coral-falsa. Ela possui as cores e o padrão de listras bem parecidos com as da coral verdadeira. Chamamos esse fenômeno de mimetismo.

TROCA DE ROUPA

Algumas pessoas dizem que cada ano de idade equivale a um anel do guizo da cascavel. Isso não é verdade. A cada mudança de pele do animal, um anel do chocalho é formado. Quando filhotes, as cascavéis trocam de pele várias vezes ao ano. Na idade adulta, seu chocalho pode até se quebrar.

Que fedor de gambá!

FRASE POPULAR — VOCÊ JÁ OUVIU DA SUA MÃE: "SE NÃO TOMAR BANHO, VAI FICAR COM CHEIRO DE GAMBÁ!"? OS GAMBÁS POSSUEM UMA GLÂNDULA PERTO DA CAUDA QUE PRODUZ UM LÍQUIDO COM UM DOS PIORES CHEIROS DA NATUREZA. QUANDO AMEAÇADOS, ELES DIRECIONAM A GLÂNDULA PARA O INIMIGO E EXPELEM O LÍQUIDO.

A CARNIÇA NÃO DÁ INDIGESTÃO NAS AVES?

Os urubus, abutres e condores possuem suco gástrico muito forte. Sua acidez pode matar bactérias e outros agentes transmissores de doenças. Sendo assim, eles podem se alimentar de carne em avançada decomposição. São os verdadeiros lixeiros da natureza.

Quem avisa, amigo é

FRASE POPULAR

AS CASCAVÉIS POSSUEM NA PONTA DA CAUDA UM CHOCALHO TAMBÉM CHAMADO DE GUIZO. ALGUMAS PESSOAS DIZEM QUE DEPOIS DE PICAR SUA VÍTIMA, A CASCAVEL BALANÇA O CHOCALHO COMO SE ESTIVESSE COMEMORANDO OU RINDO. MAS NÃO É NADA DISSO. NO MOMENTO DE CAÇAR, AS CASCAVÉIS NÃO UTILIZAM O CHOCALHO, AFINAL, ELAS TÊM DE PERMANECER EM COMPLETO SILÊNCIO. O CHOCALHO SÓ É UTILIZADO QUANDO A CASCAVEL SE SENTE AMEAÇADA. É COMO SE FOSSE UM AVISO: "EI, ESTOU POR AQUI, AFASTE-SE!". AS COBRAS NÃO QUEREM PICAR AS PESSOAS POR AÍ; ELAS PREFEREM FUGIR OU AVISAR DA SUA PRESENÇA, ECONOMIZANDO SEU PRECIOSO VENENO.

OS URUBUS NÃO TÊM PENAS NA CABEÇA POR CAUSA DE ALGUMA DOENÇA?

Assim como os abutres e condores, os urubus são aves que se alimentam de animais mortos. Ao introduzir a cabeça em uma carcaça, suas penas poderiam ficar sujas de sangue, atraindo moscas e se contaminando. Por isso, eles não possuem penas nem no pescoço nem na cabeça, o que facilita a alimentação e evita a contaminação.

CHUTEIRA ANIMAL

Diferente do que ocorre com outros felinos, as unhas do guepardo não são retráteis, ficando expostas constantemente. Isso o ajuda a não derrapar nas curvas no momento da caçada, funcionando como as travas das chuteiras dos jogadores de futebol.

POR QUE OS MORCEGOS DORMEM DE CABEÇA PARA BAIXO?

Os dedos das mãos dos morcegos são longos e ligados por uma membrana de pele, que os impede de segurar algo. Em compensação seus pés (muito pequenos para andar no chão) possuem tendões adaptados para se agarrar nas rochas, frestas e galhos de árvores. Assim, na hora de voar basta se soltar e bater as asas. E mais: os morcegos são os únicos mamíferos que voam.

O BICHO-PREGUIÇA É O ANIMAL MAIS LENTO DA NATUREZA?

Entre os mamíferos, sem dúvida. Por terem metabolismo lento, não precisam se locomover muito. Seu organismo é bem resistente e digere folhas com baixo teor nutritivo. E veja só: fazem cocô apenas uma vez por semana. Possuem unhas longas e muito fortes, ideais para se locomoverem nas árvores. Às vezes, quando morrem, os bichos-preguiça ficam presos aos troncos.

ÓCULOS DE SOL NATURAL

O guepardo precisa enxergar muito bem para poder caçar e correr. Por serem caçadores diurnos, eles possuem uma faixa preta de pelos abaixo dos olhos, que evita o reflexo do sol. Os jogadores de beisebol também pintam uma linha preta abaixo dos olhos para enxergar melhor a bola nos dias muito claros.

FRASE POPULAR — Olhos de lince

OS FILHOTES DE LINCE SÓ ABREM OS OLHOS COM DEZ DIAS DE VIDA. EM COMPENSAÇÃO, QUANDO CRESCEM, OS LINCES TÊM UMA VISÃO APURADA. OS POVOS MAIS ANTIGOS ACREDITAVAM QUE ESSES ANIMAIS CONSEGUIAM ENXERGAR ATRAVÉS DAS PAREDES. "TER OLHOS DE LINCE" SIGNIFICA ENXERGAR LONGE.

POR QUE ALGUNS ANIMAIS FICAM COM OS OLHOS VERMELHOS À NOITE?

Os animais que enxergam bem à noite, como os felinos, os jacarés e os gambás, possuem na parte interna dos olhos uma membrana chamada *Tapetum lucidum*, responsável por refletir a luz para as células bastonetes. Quanto mais células bastonetes, melhor se enxerga no escuro. Nesses animais, a quantidade de células cônicas é menor, ou seja, eles enxergam menos cores. Nós temos células bastonetes e cônicas de forma equilibrada. Os beija-flores, por exemplo, possuem mais células cônicas, por isso enxergam muito mais cores.

Olhos à vista!

- A maioria dos felinos tem hábitos noturnos, preferindo dormir durante o dia e despertar à noite. Em geral, eles enxergam de oito a dez vezes melhor que os humanos no escuro.

- Alguns animais, como gato, lagartixa, jararaca, cobra-papagaio e jacaré, têm as pupilas em forma de fenda, possibilitando uma abertura maior. Quanto mais a pupila se abre no escuro, maior a captação de luz do ambiente.

- Você já percebeu que todos os predadores têm os olhos próximos um do outro e na frente da cabeça? Isso serve para fixar a presa no momento da caça. Já as presas possuem os olhos lateralmente na cabeça, permitindo uma visão ampla da área no ato da fuga.

- Os urubus têm a visão superapurada. Eles enxergam um objeto de apenas 30 centímetros a uma distância de 3 mil metros de altura.

NARIZ APURADO

Os ursos estão entre os mamíferos com o mais apurado olfato da natureza. Eles conseguem sentir o cheiro de comida a longas distâncias e seu olfato é cem vezes melhor que o dos humanos.

NÃO ENXERGO NADA! Existem cinco espécies de rinocerontes: três asiáticos e dois africanos. O maior deles é o rinoceronte-branco africano, que pode pesar mais de 3 toneladas. São animais muito fortes que não temem nada. Qualquer um que ousar atravessar o caminho de um rino terá de enfrentar sua fúria. Mas os rinocerontes não enxergam muito bem; na verdade, eles são míopes! Enxergam bem até 30 metros de distância. Depois disso, a visão fica bastante embaçada. Como não podem usar óculos ou lente de contato, a natureza dotou os rinos com audição e olfato bastante apurados. Assim, eles percebem a presença de predadores a muitos metros de distância.

PARA QUE SERVE A CAUDA NOS ANIMAIS?

Algumas espécies de macacos, como o macaco-aranha, o macaco-barrigudo, o bugio, possuem a cauda palmada, ou seja, a ponta não tem pelos e lembra a palma da mão. Deste modo, eles a utilizam para se locomover nos galhos das árvores. Outros macacos, como os micos e saguis, utilizam a cauda para se equilibrar. Alguns felinos têm a cauda longa para dar equilíbrio durante as corridas e caçadas. Já as ariranhas e lontras utilizam a cauda como um leme de barco, direcionando o nado.
A cauda pode demonstrar submissão e medo, quando estão entre as pernas, ou alegria, quando estão abanando. Isso é fácil de ser percebido entre os lobos.

POR QUE AS COBRAS COLOCAM A LÍNGUA PARA FORA VÁRIAS VEZES?

Não é por falta de educação! Na verdade, esses bichos sentem o cheiro pela língua, por isso ela é dividida na ponta, podendo captar todo o aroma do ambiente.

QUAL A DIFERENÇA ENTRE COELHO E LEBRE?

As principais diferenças entre eles é o tamanho do corpo e das orelhas. Enquanto os coelhos têm orelhas curtas, as lebres têm orelhas mais compridas e são maiores. Além disso, as patas traseiras das lebres são compridas, o que lhes permite correr bem mais depressa. Os filhotes desses animais também não são nada parecidos: os coelhos nascem cegos e peladinhos; já as lebres vêm ao mundo com os olhos bem abertos e o corpo coberto de pelos.

BOI, OPS!, CANGURU NA LINHA

Quando os primeiros conquistadores ingleses chegaram à Austrália, viram uns animais diferentes que não caminhavam para se locomover. Eles saltavam de maneira muito impressionante. Curiosos, tentaram se comunicar com as pessoas nativas do local e perguntaram que animal era aquele. Os nativos responderam "canguru!". Mais tarde descobriu-se que, na língua nativa, canguru significa "não entendi o que você perguntou".

AS CORUJAS VIRAM A CABEÇA 360 GRAUS?

Não! Se isso acontecesse, as corujas quebrariam o pescoço. O máximo que elas conseguem virar é 270 graus, o que já é muuuuuito.

POR QUE OS CÃES CHEIRAM O BUMBUM UNS DOS OUTROS?

No bumbum dos cachorros existe uma glândula que exala um cheiro específico, como se fosse sua marca registrada. A cheiradinha é uma forma de se conhecerem.

POR QUE O PATO NÃO SE MOLHA QUANDO NADA?

É que os patos produzem um "impermeabilizante natural" próximo da cauda, e, com a ajuda do bico, espalham essa substância, que é uma espécie de óleo, por todo o corpo. Assim, as penas não se molham. Os patos também contam com a ajuda de um tipo de colchão de ar que fica entre as penas e ajuda seu corpo a flutuar.

UM "OLÁ!" MUITO ESTRANHO

Quando os babuínos do mesmo bando se encontram, eles se cumprimentam segurando o pênis um do outro. Isso equivale a um "olá", "bom dia" ou algo parecido. Já pensou se a moda pega?

Herança indígena

Assim como várias cidades e bairros brasileiros, como Araçatuba, Araraquara, Botucatu, Birigui, Ipiranga, Morumbi, Anhangabaú, muitos animais têm nomes indígenas e o significado deles demonstra bem a espécie:

- **Caititu** [caça de mata fechada]: é um porco selvagem que vive em grupos de até cinquenta animais. São encontrados nas florestas e matas fechadas.

- **Caninana** [cabeça em pé]: quando ameaçada, essa serpente levanta parte do corpo e achata o pescoço para espantar seus predadores.

- **Capivara** [comedor de capim]: é o maior roedor do mundo, podendo atingir até 80 quilos. São herbívoros e se alimentam principalmente do capim que cresce na beira de rios e lagos.

- **Cutia** [comer como gente]: esse pequeno roedor adora comer raízes e sementes, que manipula e segura com suas habilidosas patas dianteiras.

- **Jabuti** [aquele que não bebe]: os jabutis bebem água, mas com pouca frequência. O líquido necessário para seu organismo é retirado das frutas e verduras.

- **Jacaré** [lagarto d'água ou aquele que olha de lado]: os jacarés vivem nos lagos, rios e lagoas. Durante o dia ficam geralmente na margem tomando banho de sol, sempre atentos a tudo o que acontece ao seu redor.

- **Jacu** [desconfiado ou que come grãos]: essa ave, com tamanho aproximado de uma galinha, é onívora e se alimenta de insetos, moluscos, pererecas, brotos, frutas e adora sementes. Vive na floresta e é difícil de ser vista.

- **Jaguatirica** [jaguar: aquele que caça; tirica: arisco]: é um felino de médio porte, podendo atingir 16 quilos. Caça aves, anfíbios e pequenos mamíferos, é muito tímido e difícil de ser observado nas florestas.

- **Jandaia** [aquele que fala duro]: ave semelhante a um periquito; tem 30 centímetros de comprimento. Possui

O PORCO-ESPINHO LANÇA SEU ESPINHO PARA SE DEFENDER?

Quando ameaçados, os porcos-espinhos, ou ouriços-cacheiros, como são conhecidos no Brasil, eriçam seus pelos para assustar os predadores (os espinhos não são lançados como dardos ou flechas). Pobre do animal que tentar abocanhar o porco-espinho; ficará com a boca toda machucada! Mesmo recebendo esse nome, os porcos-espinhos não são porcos nem parentes próximos desse animal. Eles são roedores, primos das cutias, pacas, castores, esquilos e capivaras. Os espinhos são, na verdade, seus pelos; são duros e pontiagudos, não possuem veneno e servem para protegê-los.

a voz alta e constante. Quando está em bando pode ser ouvida a longa distância.

- **Jiboia** [cobra machado]: essa serpente vive principalmente no alto das árvores. Seu bote é rápido e preciso, semelhante ao golpe de um machado.

- **Macuco** [solitário ou excelente para ser comido]: ave com tamanho semelhante ao de uma galinha, podendo atingir 2 quilos. Vive nas florestas fechadas e é bastante solitário. Até mesmo seu nome científico destaca essa característica (*Tinamus solitarius*).

- **Paca** [vigilante, sempre alerta]: roedor que pode atingir 10 quilos. Vive em florestas e matas fechadas. Por ser uma presa muito cobiçada, está sempre atenta ao perigo.

- **Quati** [nariz pontudo]: são onívoros; comem frutas variadas, sementes, ovos, insetos etc. Procuram o alimento com seu excelente olfato e seu longo focinho.

- **Socó** [aquele que descansa em uma perna só]: ave pernalta que vive na beira dos lagos e rios sempre à procura de alimento. Quando estão paradas, em geral ficam empoleiradas em uma perna só. Assim descansam as pernas revezando constantemente.

- **Suaçuboia** [suaçu: veado; boia: cobra]: serpente que vive no alto das árvores. Sua cor castanho-avermelhada lembra muito a cor dos pelos dos veados.

- **Suçuarana** [suçu: veado; rana: semelhante]: onça com coloração pardo-avermelhada, parecida com a dos veados. Essa cor só é adquirida na idade adulta, pois os filhotes nascem com várias pintas escuras na pelagem.

- **Tamanduá** [caçador de formigas]: a dieta dos tamanduás é composta praticamente por cupins e formigas.

- **Teiú** [lagarto da terra]: vivem em várias regiões do Brasil, sempre no chão. Diferente de outras espécies de lagartos, os teiús não escalam árvores.

POR QUE AS HIENAS RIEM QUANDO ESTÃO CAÇANDO?

As hienas não dão risadas ou gargalhadas. A vocalização delas é que lembra uma gostosa risada. Elas sempre fazem isso durante brigas, caçadas ou nas brincadeiras do grupo.

OS PELICANOS GUARDAM A COMIDA NO PAPO?

Muita gente pensa que o papo dos pelicanos funciona como uma despensa de comida. Mas isso não é verdade. O papo é como uma "rede de pesca". Quando mergulha, o papo do pelicano expande dentro da água, facilitando a captura de peixes. Outra estratégia é trabalhar em grupo para pegar cardumes: os pelicanos nadam lado a lado, utilizando o bico e o papo como fazem os pescadores com as redes de pesca.

POR QUE OS HIPOPÓTAMOS SÓ FICAM DENTRO D'ÁGUA?

Os hipopótamos vivem próximos da água e dependem muito dela. São tão adaptados que os olhos, orelhas e narinas são bem saltados na cabeça, podendo assim ficar submersos somente com esses órgãos fora d'água. Conseguem ficar até 5 minutos embaixo d'água sem respirar. Eles correm superbem, atingindo 50 km/h, e nadam com eficiência, às vezes andando no fundo dos rios. Por isso seu nome grego, *hipopotamus*, significa "cavalo de rio". Durante o dia eles ficam na água para proteger a pele dos raios de sol, já que não possuem muitos pelos. Somente durante o começo da tarde e à noite é que saem para pastar nas margens dos rios e lagos.

Diz a lenda que se o hipopótamo ficar muito tempo fora d'água, sua pele vai rachar e sangrar. A verdade é que os hipopótamos, quando estão no sol, expelem uma substância avermelhada na pele para protegê-la – um protetor solar natural!

QUAL A DIFERENÇA ENTRE FOCA E LEÃO-MARINHO?

Os leões-marinhos e os lobos-marinhos são muitas vezes confundidos e chamados de focas. Embora pertencentes ao mesmo grupo, são animais diferentes. Uma das diferenças principais é que as focas não conseguem se apoiar nas patas dianteiras para se locomover no chão. Para isso elas se arrastam como uma grande minhoca. Já os leões e lobos-marinhos se apoiam nas quatro nadadeiras e se locomovem bem rápido.

LEÃO-MARINHO

O ORNITORRINCO É MAMÍFERO, AVE OU RÉPTIL?

O ornitorrinco é um animal cheio de características únicas; parece a montagem de vários animais. Ele é um mamífero que vive na Austrália e na Tasmânia, bem diferente de qualquer outro animal. Possui um bico parecido com o de pato, apropriado para procurar alimento no fundo dos rios; membranas entre os dedos bem adaptadas à natação; e uma cauda parecida com a de um castor. É o único mamífero que tem veneno: os machos possuem ferrões nas patas traseiras para se defender. Mas o que chama mais atenção é que a fêmea bota ovos! Ela cava uma toca na margem do rio, onde bota seus ovos e choca até o nascimento dos filhotes, que ao nascer medem somente 2,5 centímetros.

CAQUINHAS DO MUNDO ANIMAL

O mundo animal tem cada coisa... Você não acredita no que eles são capazes de fazer com os seus excrementos. Prepare-se para conhecer as caquinhas de nossos queridos bichos.

Que prato apetitoso!

Você sabia que alguns animais comem cocô? É isso mesmo! Os bebês coalas, por exemplo, ficam alojados na bolsa da mamãe, onde são protegidos e amamentados, saindo somente para – argh! – comer as fezes dela. O cocô da mamãe coala é parecido com uma pasta verde e contém muitas bactérias que ajudam a digerir a celulose das plantas. Como a flora intestinal dos filhotes não contém essas bactérias, eles têm de adquiri-las da mãe.

O rei do pum

O gorila é o maior primata do mundo. Tem força equivalente à de cinco homens e é praticamente vegetariano. Por comer muitas frutas, brotos e folhas – alimentos que fermentam no estômago –, o gorila fica cheio de gases. Entendeu por que ele solta tanto pum?

Arma de cocô

Cada um se defende como pode, certo? Agora, você já pensou em ser alvo de cocô de macaco? Algumas espécies como os bugios e os monos-carvoeiros tiveram essa nojenta ideia (e que muitas vezes dá certo!). Quando se sentem ameaçados, eles tentam fugir entre os galhos das árvores, mas quando não dá resultado... é cocô pra todo lado! Eles atiram cocô em seus perseguidores até conseguirem espantá-los. Ser atingido por cocô de macaco não deve ser nada agradável, né?

Aqui tem dono!

Os animais demarcam seu território de diversas maneiras. Os lobos, leões, tigres e ursos fazem xixi ou arranham troncos de árvores ao redor de seu território. Isso é uma forma de avisar que aquele lugar tem dono.
Os hipopótamos também demarcam seu território, só que com as fezes! Quando um hipopótamo vai fazer cocô, ele gira seu rabinho e espalha cocô pra todo lado, como se estivesse jogando no ventilador. Assim, quando outro hipopótamo invadir seu espaço, vai sentir o cheirinho agradável e pensará: "Opa! Esta área já tem dono. Vou embora para outro lugar". O mais legal de toda essa história é que o cocô que cai na água chega às margens do rio e serve de adubo para o capim crescer forte. Os hipopótamos adoram capim, e assim todo o ciclo da natureza fica completo.

CAQUINHAS DO MUNDO ANIMAL

Campeonato de cuspe

As lhamas descobriram um jeitinho muito bom para espantar seus predadores: cuspindo. E é fácil perceber quando a lhama está se sentindo incomodada ou ameaçada: ela abaixa as orelhas e... lá vai! Uma cusparada certeira com cheiro de capim mastigado. O que não é nada gostoso...

Líquido refrescante... e nojento

As aves adoram se refrescar em dias muito quentes. Elas procuram beira de lagos, rios, ou mesmo poças de água para tomar um banho gostoso. Os urubus inventaram outra maneira de regular a temperatura do corpo em dias muito quentes: eles fazem cocô nas pernas! É isso mesmo, as fezes dos urubus são líquidas e ajudam a refrescar.

Cocô com estilo

De acordo com o processo de digestão de determinados animais, as fezes têm formatos diferentes. Os carnívoros têm digestão rápida, intestinos sem muitas curvas e cocôs em forma cilíndrica. Já os herbívoros, para digerir melhor as fibras vegetais, têm digestão lenta e intestinos cheios de curvas. O alimento passa demoradamente pela parede intestinal, aproveitando todos os nutrientes necessários. Resultado: cocôs com formato de bolinhas!

Xô, vermes!

Os chimpanzés desenvolveram uma maneira surpreendente de eliminar parasitas de sua flora intestinal. Eles escolhem folhas bem ásperas, enrolam e engolem sem mastigar. Essas folhas passam pelo intestino e desprendem os vermes, expelindo-os com as fezes. Um vermífugo natural!